The Crab And The Magical Shell: Bilingual German-English Stories for Kids

Pomme Bilingual

Published by Pomme Bilingual, 2024.

THE CRAB AND THE MAGICAL SHELL: BILINGUAL GERMAN-ENGLISH STORIES FOR KIDS

First edition. July 7, 2024.

Copyright © 2024 Pomme Bilingual.

ISBN: 979-8227617071

Written by Pomme Bilingual.

Table of Contents

Krabbe Karl und das Magische Muschel-Abenteuer

An einem sonnigen Tag im kristallklaren Meer lebte eine neugierige Krabbe namens Karl. Karl war nicht wie die anderen Krabben. Während seine Freunde es liebten, am Meeresboden zu graben und zu faulenzen, träumte Karl von großen Abenteuern und aufregenden Entdeckungen. Eines Tages, als Karl wieder einmal die Küste entlanglief, stieß er auf eine wunderschöne, glänzende Muschel, die in der Sonne funkelte. „Oh, wie schön!" rief Karl begeistert und nahm die Muschel in seine Scheren.

Kaum hatte er die Muschel berührt, hörte er eine leise, sanfte Stimme: „Hallo Karl, ich bin die magische Muschel Mira. Ich kann dir helfen, dein größtes Abenteuer zu erleben!" Karl war verblüfft. Eine sprechende Muschel! Das war wirklich etwas Besonderes. „Was für ein Abenteuer?" fragte Karl aufgeregt.

„Ein Abenteuer, das dich zu einer verborgenen Unterwasserstadt führen wird", antwortete Mira. „Dort gibt es Schätze, die seit Jahrhunderten unentdeckt sind. Aber sei vorsichtig, Karl, es gibt auch Gefahren auf dem Weg dorthin." Karl konnte sein Glück kaum fassen. Ein Abenteuer war genau das, wovon er immer geträumt hatte.

Am nächsten Morgen machte sich Karl zusammen mit Mira auf den Weg. Die Reise führte sie durch bunte Korallenriffe, vorbei an neugierigen Fischschwärmen und geheimnisvollen

Unterwasserhöhlen. „Wow, schau dir diese wunderschönen Korallen an!" rief Karl begeistert. „Ja, aber wir müssen weiter, die Stadt liegt noch weit vor uns", erinnerte ihn Mira.

Nach vielen Stunden des Schwimmens und Krabbelns erreichten sie endlich den Eingang der geheimen Unterwasserstadt. Es war ein atemberaubender Anblick. Goldene Kuppeln glitzerten im Licht und alte, kunstvoll geschnitzte Säulen erhoben sich majestätisch aus dem Sand. Karl konnte es kaum glauben. „Das ist unglaublich!" rief er.

Doch plötzlich tauchte eine riesige Muräne auf und versperrte ihnen den Weg. „Wer wagt es, meine Stadt zu betreten?" zischte sie bedrohlich. Karl zögerte einen Moment, aber dann erinnerte er sich an Miras Worte. „Ich bin Karl, und ich suche nach einem großen Abenteuer", sagte er mutig. Die Muräne betrachtete ihn misstrauisch, aber dann begann sie zu lachen. „Ein kleiner Krabbe auf einem großen Abenteuer? Das ist wirklich mutig von dir. Aber wenn du hier weiterkommen willst, musst du eine Aufgabe lösen."

Die Muräne erzählte Karl von einer uralten Legende. „In dieser Stadt gibt es einen verborgenen Schatz, aber nur derjenige, der das Rätsel der goldenen Perle löst, kann ihn finden. Die Perle ist in einem Labyrinth versteckt, das voller Fallen und Herausforderungen ist. Wenn du die Perle findest, wirst du den Schatz entdecken."

Karl fühlte sich etwas unsicher, aber Mira flüsterte ihm zu: „Du schaffst das, Karl. Vertraue auf dich selbst." Mit neuer Zuversicht machte sich Karl auf den Weg ins Labyrinth. Es war dunkel und unheimlich, und er musste all seinen Mut zusammennehmen, um nicht aufzugeben. Überall lauerten Fallen und Hindernisse, aber Karl war entschlossen, das Rätsel zu lösen.

Nach Stunden des Suchens und Nachdenkens fand er endlich die goldene Perle, versteckt in einer kleinen Nische. „Ich hab's geschafft!" rief er triumphierend. Die Muräne, die ihm gefolgt war, nickte beeindruckt. „Gut gemacht, Karl. Du hast Mut und Klugheit bewiesen. Der Schatz gehört dir."

Karl konnte sein Glück kaum fassen, als er eine Kiste voller funkelnder Juwelen und Goldmünzen öffnete. Aber noch wichtiger als der Schatz war für ihn die Erkenntnis, dass er seinen Traum verwirklicht hatte. Er war auf ein großes Abenteuer gegangen und hatte es erfolgreich gemeistert.

Als Karl zurückkehrte, empfingen ihn seine Freunde mit Jubel und Staunen. „Erzähl uns von deinem Abenteuer!" riefen sie. Karl lächelte und begann zu erzählen, wie er die magische Muschel Mira getroffen hatte und wie er den Schatz gefunden hatte. Von diesem Tag an war Karl nicht mehr nur die neugierige Krabbe, sondern ein Held unter den Meeresbewohnern. Und jedes Mal, wenn er an die Muschel dachte, hörte er Miras Stimme: „Denke immer daran, Karl, die größten Abenteuer beginnen mit einem kleinen Schritt."

Karl the Crab and the Magical Shell Adventure

O n a sunny day in the crystal-clear sea, there lived a curious crab named Karl. Karl was not like the other crabs. While his friends loved to dig and laze around on the seabed, Karl dreamed of great adventures and exciting discoveries. One day, as Karl was once again walking along the coast, he stumbled upon a beautiful, shiny shell that sparkled in the sun. "Oh, how beautiful!" exclaimed Karl excitedly and picked up the shell with his claws.

No sooner had he touched the shell than he heard a soft, gentle voice: "Hello Karl, I am the magical shell Mira. I can help you experience your greatest adventure!" Karl was astonished. A talking shell! That was really something special. "What kind of adventure?" Karl asked excitedly.

"An adventure that will lead you to a hidden underwater city," Mira replied. "There are treasures there that have remained undiscovered for centuries. But be careful, Karl, there are also dangers along the way." Karl could hardly believe his luck. An adventure was exactly what he had always dreamed of.

The next morning, Karl set off with Mira. The journey took them through colorful coral reefs, past curious schools of fish, and mysterious underwater caves. "Wow, look at these beautiful corals!" exclaimed Karl enthusiastically. "Yes, but we have to keep going, the city is still far ahead," Mira reminded him.

After many hours of swimming and crawling, they finally reached the entrance to the secret underwater city. It was a breathtaking sight. Golden domes glittered in the light, and ancient, intricately carved columns rose majestically from the sand. Karl could hardly believe it. "This is incredible!" he exclaimed.

But suddenly, a giant moray eel appeared and blocked their way. "Who dares to enter my city?" it hissed menacingly. Karl hesitated for a moment, but then he remembered Mira's words. "I am Karl, and I am looking for a great adventure," he said bravely. The moray eel eyed him suspiciously but then began to laugh. "A little crab on a big adventure? That is really bold of you. But if you want to go further, you must solve a challenge."

The moray eel told Karl about an ancient legend. "In this city, there is a hidden treasure, but only the one who solves the riddle of the golden pearl can find it. The pearl is hidden in a labyrinth full of traps and challenges. If you find the pearl, you will discover the treasure."

Karl felt a bit uncertain, but Mira whispered to him: "You can do it, Karl. Trust in yourself." With renewed confidence, Karl made his way into the labyrinth. It was dark and eerie, and he had to summon all his courage not to give up. Traps and obstacles lurked everywhere, but Karl was determined to solve the riddle.

After hours of searching and thinking, he finally found the golden pearl hidden in a small niche. "I did it!" he cried triumphantly. The moray eel, who had followed him, nodded impressively. "Well done, Karl. You have shown courage and cleverness. The treasure is yours."

Karl could hardly believe his luck when he opened a chest full of sparkling jewels and gold coins. But more important than the treasure was the realization that he had fulfilled his dream. He had gone on a great adventure and successfully completed it.

When Karl returned, his friends greeted him with cheers and amazement. "Tell us about your adventure!" they cried. Karl smiled and began to tell how he had met the magical shell Mira and how he had found the treasure. From that day on, Karl was no longer just the curious crab but a hero among the sea creatures. And every time he thought of the shell, he heard Mira's voice: "Always remember, Karl, the greatest adventures begin with a small step."

Der Magische Bleistift und Das Große Abenteuer

Es war einmal ein kleiner Junge namens Felix, der in einer lebhaften Stadt lebte. Felix war ein kreatives Kind und liebte es zu zeichnen. Er konnte Stunden damit verbringen, fantasievolle Welten und lustige Figuren zu malen. Eines Tages, während er auf dem Dachboden seines alten Hauses stöberte, fand er einen unscheinbaren Bleistift. „Wie seltsam, ich habe diesen Bleistift hier noch nie gesehen," murmelte Felix neugierig.

Als er den Bleistift in die Hand nahm, fühlte er ein leichtes Kribbeln in den Fingern. Plötzlich leuchtete der Bleistift hell auf, und eine sanfte, melodische Stimme erklang: „Hallo Felix, ich bin der magische Bleistift Pico. Mit mir kannst du alles zeichnen, was du dir vorstellen kannst, und es wird zum Leben erweckt!" Felix konnte seinen Ohren kaum trauen. Ein magischer Bleistift? Das war unglaublich!

„Was soll ich zuerst zeichnen?" fragte Felix aufgeregt. „Zeichne das, was du dir am meisten wünschst," antwortete Pico. Felix dachte einen Moment nach und begann dann, ein riesiges Piratenschiff zu zeichnen, komplett mit Segeln, Kanonen und einer furchterregenden Mannschaft. Kaum hatte er den letzten Strich gezogen, begann das Papier zu flimmern, und plötzlich stand das Piratenschiff tatsächlich vor ihm.

„Wow, das ist fantastisch!" rief Felix. „Aber was mache ich jetzt mit einem Piratenschiff in meinem Zimmer?" „Wie wäre es mit einem Abenteuer?" schlug Pico vor. Felix grinste breit. Ein Abenteuer klang nach genau dem Richtigen. Er kletterte an Bord des Schiffes und setzte die Segel. Mit einem sanften Ruck begann das Schiff zu schweben und segelte aus dem Fenster hinaus in den Himmel.

Felix segelte über die Stadt, vorbei an Wolkenkratzern und durch bunte Wolken. Bald erreichten sie eine mysteriöse Insel, die nicht auf keiner Landkarte verzeichnet war. „Das ist die Insel der verlorenen Schätze," erklärte Pico. „Hier gibt es viele Geheimnisse zu entdecken." Felix sprang an Land und machte sich auf den Weg, die Insel zu erkunden.

Er entdeckte seltsame Pflanzen, die in allen Farben des Regenbogens leuchteten, und freundliche Tiere, die sprechen konnten. „Willkommen auf unserer Insel!" sagte ein kleiner Affe namens Tiko. „Wir haben hier schon lange keinen Besucher mehr gehabt." Felix erzählte Tiko von seinem magischen Bleistift und seinem Wunsch, ein großes Abenteuer zu erleben. Tiko nickte weise. „Dann bist du hier genau richtig. Aber sei gewarnt, es gibt auch Gefahren."

Gemeinsam mit Tiko machte sich Felix auf die Suche nach dem größten Schatz der Insel. Sie durchquerten dichte Dschungel, kletterten hohe Berge hinauf und schwammen durch unterirdische Flüsse. Dabei nutzte Felix immer wieder den magischen Bleistift, um sich und seine neuen Freunde aus brenzligen Situationen zu retten. Er zeichnete Brücken über tiefe Schluchten, Boote für die Flussüberquerungen und sogar einen Drachen, der ihnen den Weg leuchtete.

Nach vielen Abenteuern und Herausforderungen standen sie schließlich vor einer großen, alten Tür, die mit geheimnisvollen Symbolen bedeckt war. „Das ist die Tür zum größten Schatz der Insel," sagte Tiko ehrfürchtig. „Aber nur derjenige, der das Rätsel der Tür löst, kann sie öffnen." Felix betrachtete die Symbole und dachte intensiv nach. Plötzlich hatte er eine Idee. Mit dem magischen Bleistift zeichnete er die fehlenden Symbole, und die Tür öffnete sich langsam mit einem lauten Knarren.

Hinter der Tür lag eine atemberaubende Schatzkammer, gefüllt mit glänzenden Goldmünzen, funkelnden Edelsteinen und alten, kunstvoll gearbeiteten Artefakten. „Das ist unglaublich!" rief Felix. Aber mitten im Raum stand etwas noch viel Wertvolleres – ein großer, alter Spiegel, der die Macht hatte, Wünsche zu erfüllen. „Du hast den größten Schatz gefunden," sagte Pico stolz. „Jetzt kannst du dir deinen sehnlichsten Wunsch erfüllen."

Felix dachte einen Moment nach und sprach dann leise: „Ich wünsche mir, dass jeder auf der Welt genauso glücklich und abenteuerlustig sein kann wie ich." Der Spiegel leuchtete hell auf, und Felix fühlte ein warmes Gefühl in seinem Herzen. Er hatte nicht nur einen Schatz gefunden, sondern auch etwas viel Wertvolleres – die Erkenntnis, dass wahres Glück darin liegt, anderen zu helfen und ihnen Freude zu bringen.

Als Felix nach Hause zurückkehrte, verabschiedete er sich von seinen neuen Freunden und versprach, sie bald wieder zu besuchen. Mit einem letzten Blick auf die Insel der verlorenen Schätze zeichnete er sich zurück in sein Zimmer. Der magische

Bleistift Pico lächelte. „Denke immer daran, Felix, dass die größten Abenteuer in deinem Herzen beginnen."

Von diesem Tag an war Felix nicht mehr nur der kreative Junge, der gerne zeichnete. Er war der mutige Abenteurer, der mit einem magischen Bleistift fantastische Welten erschuf und immer daran dachte, anderen Freude zu bringen. Und jedes Mal, wenn er den Bleistift zur Hand nahm, hörte er Picos Stimme: „Vergiss nie, Felix, die wahre Magie liegt in dir."

The Magic Pencil and the Great Adventure

Once upon a time, there was a little boy named Felix who lived in a lively city. Felix was a creative child and loved to draw. He could spend hours painting imaginative worlds and funny characters. One day, while rummaging in the attic of his old house, he found an unassuming pencil. "How strange, I've never seen this pencil here before," Felix murmured curiously.

As he picked up the pencil, he felt a slight tingling in his fingers. Suddenly, the pencil lit up brightly, and a gentle, melodic voice said, "Hello Felix, I am the magic pencil, Pico. With me, you can draw anything you imagine, and it will come to life!" Felix could hardly believe his ears. A magic pencil? That was incredible!

"What should I draw first?" Felix asked excitedly. "Draw what you wish for the most," Pico replied. Felix thought for a moment and then began to draw a giant pirate ship, complete with sails, cannons, and a fearsome crew. As soon as he finished the last stroke, the paper began to shimmer, and suddenly, the pirate ship stood before him.

"Wow, this is fantastic!" Felix exclaimed. "But what do I do with a pirate ship in my room?" "How about an adventure?" Pico suggested. Felix grinned broadly. An adventure sounded just right. He climbed aboard the ship and set the sails. With a gentle lurch, the ship began to float and sailed out the window into the sky.

Felix sailed over the city, past skyscrapers, and through colorful clouds. Soon they reached a mysterious island that was not marked on any map. "This is the island of lost treasures," Pico explained. "There are many secrets to discover here." Felix jumped ashore and began exploring the island.

He discovered strange plants that glowed in all the colors of the rainbow and friendly animals that could talk. "Welcome to our island!" said a small monkey named Tiko. "We haven't had a visitor in a long time." Felix told Tiko about his magic pencil and his desire for a great adventure. Tiko nodded wisely. "Then you are in the right place. But be warned, there are also dangers."

Together with Tiko, Felix set out to find the island's greatest treasure. They crossed dense jungles, climbed high mountains, and swam through underground rivers. Felix repeatedly used the magic pencil to save himself and his new friends from tricky situations. He drew bridges over deep ravines, boats for river crossings, and even a dragon to light their way.

After many adventures and challenges, they finally stood before a large, ancient door covered with mysterious symbols. "This is the door to the island's greatest treasure," Tiko said reverently. "But only the one who solves the door's riddle can open it." Felix studied the symbols and thought deeply. Suddenly, he had an idea. With the magic pencil, he drew the missing symbols, and the door slowly opened with a loud creak.

Behind the door lay a breathtaking treasure chamber filled with gleaming gold coins, sparkling gems, and ancient, intricately crafted artifacts. "This is incredible!" Felix exclaimed. But in the middle of the room stood something even more valuable – a large, old mirror with the power to grant wishes. "You have found the greatest treasure," Pico said proudly. "Now you can fulfill your deepest wish."

Felix thought for a moment and then spoke softly, "I wish that everyone in the world can be as happy and adventurous as I am." The mirror lit up brightly, and Felix felt a warm feeling in his heart. He had not only found a treasure but also something much more valuable – the realization that true happiness lies in helping others and bringing them joy.

When Felix returned home, he said goodbye to his new friends and promised to visit them again soon. With one last look at the island of lost treasures, he drew himself back into his room. The magic pencil Pico smiled. "Always remember, Felix, the greatest adventures begin in your heart."

From that day on, Felix was no longer just the creative boy who loved to draw. He was the brave adventurer who created fantastic worlds with a magic pencil and always thought of bringing joy to others. And every time he picked up the pencil, he heard Pico's voice: "Never forget, Felix, the true magic lies within you."

Der Schlaue Fuchs und der Verlorene Schatz

Es war einmal ein schlauer Fuchs namens Fred, der in einem kleinen Wald nahe einem verschlafenen Dorf lebte. Fred war für seine List und Klugheit bekannt, aber auch für seine Freundlichkeit und seinen Sinn für Abenteuer. Jeden Morgen durchstreifte Fred den Wald, immer auf der Suche nach neuen Entdeckungen und Herausforderungen.

Eines Tages, als Fred durch den dichten Wald schlich, entdeckte er eine alte, verstaubte Karte, die halb unter einem Haufen Laub verborgen war. "Das ist interessant," murmelte Fred zu sich selbst und hob die Karte auf. Als er sie entfaltete, konnte er kaum glauben, was er sah. Es war eine Schatzkarte, die zu einem verborgenen Schatz tief im Herzen des Waldes führte.

"Oh, das wird ein großartiges Abenteuer!" rief Fred begeistert. Ohne Zeit zu verlieren, machte er sich auf den Weg, die Hinweise auf der Karte zu entschlüsseln. Der erste Hinweis führte ihn zu einem riesigen alten Baum, der aussah, als hätte er schon tausend Jahre gestanden. „Hier muss irgendwo der erste Hinweis versteckt sein," sagte Fred und begann, den Baum sorgfältig zu untersuchen.

Nach ein paar Minuten fand er eine in die Rinde geschnitzte Botschaft: „Folge dem Fluss der Träume bis zum Wasserfall des Flüsterns." Fred nickte und machte sich auf den Weg zum Fluss. Der Fluss der Träume war bekannt für sein kristallklares Wasser und die bunten Fische, die darin schwammen. Fred folgte dem Flusslauf und genoss die malerische Landschaft.

Bald hörte er das Rauschen des Wasserfalls des Flüsterns. Der Wasserfall war beeindruckend, und das Wasser schien zu flüstern, als es die Felsen hinunterstürzte. Am Fuß des Wasserfalls entdeckte Fred einen weiteren Hinweis, der auf einem großen Stein eingraviert war: „Unter dem Bogen der Hoffnung findest du den Schlüssel zum Schatz."

Fred erinnerte sich an einen alten Steintorbogen, den er auf seinen Streifzügen durch den Wald gesehen hatte. Er war ein wenig abseits des üblichen Pfades, aber Fred kannte den Weg gut. Als er den Bogen erreichte, sah er eine kleine, versteckte Nische im Stein. Darin fand er einen antiken, goldenen Schlüssel. „Das muss der Schlüssel zum Schatz sein," flüsterte Fred aufgeregt.

Mit dem Schlüssel in der Pfote kehrte Fred zur Schatzkarte zurück und folgte den weiteren Hinweisen, die ihn tiefer in den Wald führten. Er musste durch dichte Büsche und über moosbedeckte Felsen klettern. Nach einer Weile kam er zu einer versteckten Höhle, deren Eingang von Efeu und Farnen überwuchert war. „Das muss es sein," sagte Fred und betrat vorsichtig die dunkle Höhle.

Im Inneren der Höhle schien es, als ob die Zeit stillstand. An den Wänden glitzerten seltsame Kristalle und leuchteten sanft im Dunkeln. Fred ging tiefer in die Höhle hinein und fand schließlich eine alte Truhe, die mit kunstvollen Schnitzereien verziert war. Mit zitternden Pfoten steckte er den goldenen

Schlüssel ins Schloss und drehte ihn um. Die Truhe öffnete sich mit einem leisen Klicken.

Drinnen fand Fred den größten Schatz, den er je gesehen hatte. Die Truhe war gefüllt mit glänzenden Juwelen, goldenen Münzen und alten Artefakten, die Geschichten aus längst vergangenen Zeiten erzählten. Aber das wertvollste Stück war ein altes Buch mit dem Titel „Die Geheimnisse des Waldes". Es enthielt Geschichten und Legenden über den Wald, seine Bewohner und verborgene Magie.

Fred war überglücklich. Nicht wegen des Reichtums, sondern wegen des Wissens und der Geschichten, die er nun mit seinen Freunden teilen konnte. Er nahm das Buch und einige Juwelen als Andenken und machte sich auf den Weg zurück zum Dorf. Als er ankam, versammelten sich die Tiere des Waldes um ihn, neugierig auf seine Entdeckungen.

Fred erzählte ihnen von seinem Abenteuer, von der Karte und den Hinweisen, die er gefolgt war. Er zeigte ihnen das Buch und begann, die alten Geschichten und Legenden vorzulesen. Die Tiere lauschten gespannt und waren begeistert von den Erzählungen. „Danke, Fred," sagte eine alte Eule. „Dank dir wissen wir jetzt so viel mehr über unseren Wald und seine Geheimnisse."

Von diesem Tag an wurde Fred als Held und Geschichtenerzähler im Wald gefeiert. Jeden Abend versammelten sich die Tiere um ihn, um neue Geschichten aus dem Buch zu hören und von seinen Abenteuern zu erfahren. Und Fred war glücklich, denn er wusste, dass er nicht nur einen

Schatz gefunden hatte, sondern auch Freundschaft und Gemeinschaft.

Und so lebte der schlaue Fuchs Fred glücklich im Wald, immer auf der Suche nach neuen Abenteuern und Entdeckungen, und immer bereit, seine Geschichten mit seinen Freunden zu teilen. Denn er wusste, dass die wahren Schätze im Leben die Geschichten sind, die wir erleben und die Freundschaften, die wir pflegen.

The Clever Fox and the Lost Treasure

Once upon a time, there was a clever fox named Fred who lived in a small forest near a sleepy village. Fred was known for his cunning and intelligence, but also for his kindness and sense of adventure. Every morning, Fred roamed the forest, always on the lookout for new discoveries and challenges.

One day, as Fred was sneaking through the dense forest, he discovered an old, dusty map half-hidden under a pile of leaves. "This is interesting," Fred murmured to himself and picked up the map. When he unfolded it, he could hardly believe what he saw. It was a treasure map leading to a hidden treasure deep in the heart of the forest.

"Oh, this will be a great adventure!" Fred exclaimed excitedly. Without wasting any time, he set out to decipher the clues on the map. The first clue led him to a huge old tree that looked like it had stood for a thousand years. "There must be the first clue hidden here somewhere," said Fred and began to carefully examine the tree.

After a few minutes, he found a message carved into the bark: "Follow the River of Dreams to the Whispering Waterfall." Fred nodded and made his way to the river. The River of Dreams was known for its crystal-clear water and the colorful fish that swam in it. Fred followed the river's course, enjoying the picturesque scenery.

Soon, he heard the sound of the Whispering Waterfall. The waterfall was impressive, and the water seemed to whisper as it cascaded down the rocks. At the base of the waterfall, Fred discovered another clue engraved on a large stone: "Under the Arch of Hope, you will find the key to the treasure."

Fred remembered an old stone arch he had seen on his wanderings through the forest. It was a bit off the usual path, but Fred knew the way well. When he reached the arch, he saw a small hidden niche in the stone. Inside, he found an antique, golden key. "This must be the key to the treasure," Fred whispered excitedly.

With the key in his paw, Fred returned to the treasure map and followed the further clues that led him deeper into the forest. He had to crawl through dense bushes and climb over moss-covered rocks. After a while, he came to a hidden cave, its entrance overgrown with ivy and ferns. "This must be it," said Fred and cautiously entered the dark cave.

Inside the cave, it seemed as if time stood still. Strange crystals glistened on the walls and glowed softly in the dark. Fred ventured deeper into the cave and finally found an old chest adorned with intricate carvings. With trembling paws, he inserted the golden key into the lock and turned it. The chest opened with a soft click.

Inside, Fred found the greatest treasure he had ever seen. The chest was filled with gleaming jewels, golden coins, and ancient artifacts that told stories from long-forgotten times. But the most valuable item was an old book titled "The Secrets of the

Forest." It contained stories and legends about the forest, its inhabitants, and hidden magic.

Fred was overjoyed. Not because of the wealth, but because of the knowledge and stories he could now share with his friends. He took the book and some jewels as mementos and made his way back to the village. When he arrived, the animals of the forest gathered around him, curious about his discoveries.

Fred told them about his adventure, about the map, and the clues he had followed. He showed them the book and began to read the old stories and legends. The animals listened intently and were thrilled by the tales. "Thank you, Fred," said an old owl. "Thanks to you, we now know so much more about our forest and its secrets."

From that day on, Fred was celebrated as a hero and storyteller in the forest. Every evening, the animals gathered around him to hear new stories from the book and learn about his adventures. And Fred was happy, knowing he had found not just a treasure, but also friendship and community.

And so, the clever fox Fred lived happily in the forest, always on the lookout for new adventures and discoveries, and always ready to share his stories with his friends. For he knew that the true treasures in life are the stories we experience and the friendships we cherish.

Das Große Rennen von Fuchshausen

Es war ein wunderschöner Frühlingstag im kleinen Dorf Fuchshausen. Die Sonne strahlte am Himmel, die Blumen blühten und die Tiere im Dorf waren voller Energie und Vorfreude. Denn heute war der Tag des großen Rennens, das einmal im Jahr stattfand und bei dem alle Dorfbewohner gespannt zusahen.

Das Rennen war eine alte Tradition in Fuchshausen. Jeder Teilnehmer musste eine Runde durch den gesamten Wald und zurück zum Dorfplatz laufen. Es war kein gewöhnliches Rennen, denn der Wald war voller Herausforderungen und Überraschungen. Man musste über Bäche springen, durch dichte Büsche rennen und sogar einen steilen Hügel erklimmen.

In diesem Jahr war das Rennen besonders aufregend, denn es gab einen neuen Herausforderer. Leo, der junge Hase, war erst vor kurzem nach Fuchshausen gezogen. Er war schnell und geschickt, aber auch etwas scheu, weil er noch nicht viele Freunde gefunden hatte. Dennoch wollte Leo sein Bestes geben und zeigen, dass er ein guter Läufer war.

Die Tiere versammelten sich am Startpunkt auf dem Dorfplatz. Der Bürgermeister, eine weise alte Schildkröte namens Otto, stand bereit, um das Rennen zu starten. „Auf die Plätze, fertig, los!" rief Otto, und die Teilnehmer stürmten los.

Leo sprang blitzschnell nach vorne und führte die Gruppe an. Er fühlte den Wind in seinen Ohren und das weiche Gras unter seinen Pfoten. Doch hinter ihm waren einige der schnellsten Läufer von Fuchshausen: Bella, das flinke Eichhörnchen, Bruno, der kräftige Dachs, und Mia, die kluge Fuchsdame.

Der erste Teil des Rennens führte die Läufer zu einem breiten Bach. Ohne zu zögern sprang Leo über den Bach und landete sicher auf der anderen Seite. Bella folgte ihm dicht auf den Fersen und sprang ebenfalls elegant über das Wasser. Bruno und Mia waren nicht weit dahinter und nutzten ihre Kraft und Geschicklichkeit, um den Bach zu überwinden.

Als sie weiter durch den Wald rannten, kamen sie zu einer Stelle mit dichtem Gestrüpp. Leo schlängelte sich geschickt durch die Büsche, wobei seine kleinen Pfoten flink über den Boden huschten. Bella kletterte über die Äste und Zweige, während Bruno und Mia sich ihren Weg mit kräftigen Schritten bahnten.

Bald erreichten sie den steilen Hügel, der den letzten großen Hindernis des Rennens darstellte. Leo atmete tief ein und begann, den Hügel hinaufzurennen. Seine Beine brannten, aber er gab nicht auf. Bella war gleich hinter ihm und mobilisierte ihre letzten Kräfte. Bruno und Mia kämpften ebenfalls tapfer, doch der Hügel war eine echte Herausforderung.

Oben auf dem Hügel angekommen, konnte Leo den Dorfplatz in der Ferne sehen. Er wusste, dass er jetzt alles geben musste. Mit einem letzten tiefen Atemzug stürmte er den Hügel hinunter, gefolgt von Bella, Bruno und Mia.

Der Weg zurück ins Dorf war eine lange, gerade Strecke. Leo spürte die Erschöpfung in seinen Beinen, aber er dachte an all die Mühe, die er in das Training gesteckt hatte. Er wollte dieses Rennen unbedingt gewinnen. Bella kam immer näher, aber Leo mobilisierte seine letzten Kräfte und rannte, so schnell er konnte.

Die Dorfbewohner standen jubelnd am Ziel, als Leo als Erster über die Ziellinie lief. Bella folgte kurz darauf, dicht gefolgt von Bruno und Mia. Die Menge brach in tosenden Applaus aus. Otto, der Bürgermeister, trat nach vorne und legte Leo eine glänzende Medaille um den Hals. „Gut gemacht, Leo!" sagte Otto stolz. „Du hast das Rennen gewonnen und gezeigt, dass du ein großartiger Läufer bist."

Leo war außer sich vor Freude. Er hatte es geschafft! Die Dorfbewohner gratulierten ihm, und sogar Bella, Bruno und Mia klopften ihm anerkennend auf die Schulter. „Du bist wirklich schnell, Leo," sagte Bella lächelnd. „Das war ein spannendes Rennen!"

Von diesem Tag an war Leo nicht mehr der schüchterne Neuling. Er hatte sich seinen Platz in Fuchshausen erobert und viele neue Freunde gefunden. Die Tiere im Dorf freuten sich schon auf das nächste Rennen, bei dem sie wieder gemeinsam an den Start gehen würden.

Aber das Wichtigste, was Leo gelernt hatte, war, dass es nicht nur darum ging, zu gewinnen. Es ging darum, sein Bestes zu geben, Spaß zu haben und die Gemeinschaft zu genießen. Und so trainierte Leo weiter, bereit für neue Herausforderungen und Abenteuer in Fuchshausen.

The Great Race of Fuchshausen

It was a beautiful spring day in the small village of Fuchshausen. The sun was shining in the sky, the flowers were blooming, and the animals in the village were full of energy and excitement. Today was the day of the big race, which took place once a year and was eagerly anticipated by all the villagers.

The race was an old tradition in Fuchshausen. Each participant had to run a lap through the entire forest and back to the village square. It was no ordinary race, as the forest was full of challenges and surprises. One had to jump over streams, run through dense bushes, and even climb a steep hill.

This year, the race was particularly exciting because there was a new challenger. Leo, the young hare, had recently moved to Fuchshausen. He was fast and agile, but also a bit shy because he hadn't made many friends yet. Nevertheless, Leo wanted to do his best and show that he was a good runner.

The animals gathered at the starting point on the village square. The mayor, a wise old tortoise named Otto, was ready to start the race. "On your marks, get set, go!" Otto shouted, and the participants burst forward.

Leo sprang ahead like a flash and led the group. He felt the wind in his ears and the soft grass under his paws. But behind him were some of Fuchshausen's fastest runners: Bella, the nimble squirrel, Bruno, the strong badger, and Mia, the clever fox.

The first part of the race led the runners to a wide stream. Without hesitation, Leo jumped over the stream and landed safely on the other side. Bella followed closely behind and also jumped elegantly over the water. Bruno and Mia were not far behind and used their strength and agility to cross the stream.

As they continued running through the forest, they came to an area with dense undergrowth. Leo weaved skillfully through the bushes, his little paws moving quickly over the ground. Bella climbed over the branches and twigs, while Bruno and Mia made their way with powerful strides.

Soon, they reached the steep hill, the last major obstacle of the race. Leo took a deep breath and began running up the hill. His legs burned, but he did not give up. Bella was right behind him, summoning her last reserves of strength. Bruno and Mia also fought bravely, but the hill was a real challenge.

At the top of the hill, Leo could see the village square in the distance. He knew he had to give it his all now. With one last deep breath, he stormed down the hill, followed by Bella, Bruno, and Mia.

The way back to the village was a long, straight stretch. Leo felt the exhaustion in his legs, but he thought of all the effort he had put into training. He wanted to win this race so badly. Bella was getting closer, but Leo summoned his last reserves of energy and ran as fast as he could.

The villagers were cheering at the finish line as Leo crossed it first. Bella followed shortly after, closely followed by Bruno and Mia. The crowd erupted in applause. Otto, the mayor, stepped forward and placed a shiny medal around Leo's neck. "Well done, Leo!" Otto said proudly. "You won the race and showed that you are a great runner."

Leo was overjoyed. He had done it! The villagers congratulated him, and even Bella, Bruno, and Mia patted him on the back appreciatively. "You're really fast, Leo," Bella said with a smile. "That was an exciting race!"

From that day on, Leo was no longer the shy newcomer. He had earned his place in Fuchshausen and made many new friends. The animals in the village were already looking forward to the next race, where they would compete together again.

But the most important thing Leo had learned was that it wasn't just about winning. It was about giving your best, having fun, and enjoying the community. And so, Leo continued to train, ready for new challenges and adventures in Fuchshausen.

Der Zauberhut

Max war ein gewöhnlicher Junge in einem gewöhnlichen Dorf. Er hatte braune Haare, freche Sommersprossen und trug immer eine abgenutzte, rote Mütze. Max liebte Abenteuer, aber es schien, als ob nichts Aufregendes jemals in seinem Dorf passierte. Das änderte sich jedoch an einem sonnigen Tag, als er einen alten Hutladen am Rande des Dorfes entdeckte.

Der Laden war klein und verstaubt, und schien wie aus einer anderen Zeit zu stammen. Max wurde von der Neugier gepackt und betrat den Laden. Überall hingen Hüte in allen Formen und Größen. Am hinteren Ende des Ladens stand ein hoher, purpurroter Hut mit goldenen Stickereien. Der Ladenbesitzer, ein alter Mann mit einem langen weißen Bart, lächelte Max geheimnisvoll an.

„Das ist ein ganz besonderer Hut", sagte der alte Mann. „Er ist nicht nur schön, sondern auch magisch. Wer ihn trägt, kann die unglaublichsten Abenteuer erleben."

Max konnte es kaum glauben, aber seine Abenteuerlust war geweckt. Er setzte den Hut auf und fühlte sofort eine seltsame Wärme, die sich über seinen Kopf ausbreitete. Der alte Mann zwinkerte ihm zu und sagte: „Genieße dein Abenteuer, Max. Aber denke daran, dass du den Hut mit Bedacht nutzen musst."

Kaum hatte der alte Mann gesprochen, begann sich alles um Max herum zu drehen. Plötzlich fand er sich in einem dichten Dschungel wieder, umgeben von exotischen Pflanzen und zwitschernden Vögeln. „Wow!" rief Max begeistert. Er konnte kaum glauben, dass er wirklich in einem anderen Ort war. Vor ihm erschien ein Pfad, der tiefer in den Dschungel führte.

Max folgte dem Pfad und stieß bald auf eine Gruppe von Affen, die wild um einen Baum sprangen. Einer der Affen, der offensichtlich der Anführer war, kam auf Max zu und sagte: „Hallo, Abenteurer! Wir brauchen deine Hilfe. Unser Banane des ewigen Lichts wurde gestohlen!"

Max war verblüfft, aber auch begeistert von der Aussicht auf ein Abenteuer. „Wer hat die Banane gestohlen?" fragte er.

„Es war der böse Tiger Tigris," antwortete der Affe. „Er lebt in der Höhle der Dunkelheit auf der anderen Seite des Dschungels. Nur ein wahrer Held kann es wagen, sich ihm zu stellen."

Ohne zu zögern, machte sich Max auf den Weg zur Höhle der Dunkelheit. Der Weg war voller Herausforderungen. Er musste über reißende Flüsse springen, durch dichte Büsche kriechen und sogar einen schlafenden Drachen umgehen. Aber Max blieb mutig und entschlossen. Der magische Hut gab ihm die Kraft und den Mut, die er brauchte.

Schließlich erreichte Max die Höhle der Dunkelheit. Er schlich sich vorsichtig hinein und fand den bösen Tiger Tigris, der die Banane des ewigen Lichts bewachte. „Was willst du hier, kleiner Mensch?" knurrte Tigris bedrohlich.

Max stand fest und sagte: „Ich bin hier, um die Banane des ewigen Lichts zurückzubringen!"

Tigris lachte und sagte: „Das werden wir ja sehen." Es kam zu einem erbitterten Kampf. Max war flink und geschickt, und der magische Hut schien ihm zusätzliche Kraft zu verleihen. Nach einem intensiven Kampf gelang es Max, Tigris zu überwältigen und die Banane zu schnappen.

„Das hast du gut gemacht, Junge," sagte Tigris, der jetzt erschöpft und besiegt aussah. „Vielleicht bin ich nicht der rechtmäßige Wächter der Banane. Nimm sie und bringe sie zurück."

Max bedankte sich und rannte zurück durch den Dschungel. Die Affen jubelten, als sie ihn mit der Banane des ewigen Lichts zurückkehren sahen. „Du bist unser Held!" rief der Anführer der Affen. „Dank dir ist das Gleichgewicht im Dschungel wiederhergestellt."

Max war stolz und glücklich. Er verabschiedete sich von seinen neuen Freunden und setzte den magischen Hut wieder auf. Kaum hatte er das getan, fand er sich zurück im kleinen Hutladen, als ob nichts geschehen wäre.

Der alte Mann lächelte weise und fragte: „Na, wie war dein Abenteuer?"

Max strahlte über das ganze Gesicht. „Es war unglaublich! Danke, dass du mir den Hut gegeben hast."

Der alte Mann nickte. „Erinnerst du dich an meine Worte? Nutze den Hut mit Bedacht. Er wird dir immer helfen, wenn du in Not bist, aber vergiss nie, dass die wahre Magie in dir selbst steckt."

Max kehrte nach Hause zurück, aber er wusste, dass sein Leben nie wieder dasselbe sein würde. Er hatte den Mut und die Abenteuerlust in sich entdeckt, und er wusste, dass er immer wieder neue Abenteuer erleben würde – ob mit oder ohne den magischen Hut.

Und so ging Max weiter durch sein Leben, immer auf der Suche nach neuen Abenteuern, mit einem Lächeln auf den Lippen und dem Wissen, dass er jedes Hindernis überwinden konnte. Denn er hatte nicht nur einen magischen Hut, sondern auch ein großes, mutiges Herz.

The Magic Hat

———

Max was an ordinary boy in an ordinary village. He had brown hair, mischievous freckles, and always wore a worn-out, red cap. Max loved adventures, but it seemed nothing exciting ever happened in his village. That changed, however, on a sunny day when he discovered an old hat shop at the edge of the village.

The shop was small and dusty, looking like it was from another time. Max was filled with curiosity and entered the shop. Hats of all shapes and sizes hung everywhere. At the back of the shop stood a tall, purple hat with golden embroidery. The shopkeeper, an old man with a long white beard, smiled at Max mysteriously.

"That is a very special hat," said the old man. "It's not only beautiful but also magical. Whoever wears it can experience the most incredible adventures."

Max could hardly believe it, but his sense of adventure was awakened. He put the hat on and immediately felt a strange warmth spreading over his head. The old man winked at him and said, "Enjoy your adventure, Max. But remember, you must use the hat wisely."

No sooner had the old man spoken than everything around Max began to spin. Suddenly, he found himself in a dense jungle, surrounded by exotic plants and chirping birds. "Wow!" Max exclaimed excitedly. He could hardly believe he was really in another place. In front of him appeared a path leading deeper into the jungle.

Max followed the path and soon came upon a group of monkeys wildly jumping around a tree. One of the monkeys, obviously the leader, approached Max and said, "Hello, adventurer! We need your help. Our Banana of Eternal Light has been stolen!"

Max was amazed but also excited at the prospect of an adventure. "Who stole the banana?" he asked.

"It was the evil tiger Tigris," replied the monkey. "He lives in the Cave of Darkness on the other side of the jungle. Only a true hero can dare to face him."

Without hesitation, Max set off towards the Cave of Darkness. The path was full of challenges. He had to jump over raging rivers, crawl through dense bushes, and even avoid a sleeping dragon. But Max remained brave and determined. The magic hat gave him the strength and courage he needed.

Finally, Max reached the Cave of Darkness. He sneaked in cautiously and found the evil tiger Tigris guarding the Banana of Eternal Light. "What do you want here, little human?" Tigris growled menacingly.

Max stood firm and said, "I'm here to take back the Banana of Eternal Light!"

Tigris laughed and said, "We'll see about that." A fierce battle ensued. Max was quick and agile, and the magic hat seemed to give him extra strength. After an intense fight, Max managed to overpower Tigris and grab the banana.

"Well done, boy," said Tigris, now exhausted and defeated. "Perhaps I am not the rightful guardian of the banana. Take it and return it."

Max thanked him and ran back through the jungle. The monkeys cheered when they saw him return with the Banana of Eternal Light. "You are our hero!" cried the monkey leader. "Thanks to you, balance is restored in the jungle."

Max was proud and happy. He said goodbye to his new friends and put the magic hat back on. As soon as he did, he found himself back in the small hat shop, as if nothing had happened.

The old man smiled wisely and asked, "So, how was your adventure?"

Max beamed from ear to ear. "It was incredible! Thank you for giving me the hat."

The old man nodded. "Do you remember my words? Use the hat wisely. It will always help you in times of need, but never forget that the true magic lies within yourself."

Max returned home, but he knew his life would never be the same. He had discovered the courage and sense of adventure within himself, and he knew he would always seek new adventures – with or without the magic hat.

And so, Max continued through life, always on the lookout for new adventures, with a smile on his face and the knowledge that he could overcome any obstacle. Because he had not only a magic hat but also a big, brave heart.

Das Abenteuer von Felix, dem Eichhörnchen

Es war ein wunderschöner Herbsttag im Wald von Eichenhain. Die Blätter hatten sich in prächtige Farben verwandelt und lagen wie ein weicher Teppich auf dem Waldboden. Inmitten dieses Farbenmeeres lebte Felix, das neugierige Eichhörnchen. Felix war bekannt für seine waghalsigen Abenteuer und seine unermüdliche Neugierde. Seine Familie und Freunde liebten ihn, aber manchmal machten sie sich Sorgen um seine ständigen Eskapaden.

Eines Morgens, als die Sonne gerade über den Horizont kletterte, wachte Felix mit einem besonders spannenden Gedanken auf. „Heute werde ich das geheime Versteck der goldenen Eicheln finden!", sagte er zu sich selbst. Es war eine alte Legende im Wald von Eichenhain, dass irgendwo tief im Wald eine versteckte Höhle voller goldener Eicheln existierte.

Felix schnappte sich seinen kleinen Rucksack, füllte ihn mit Nüssen und machte sich auf den Weg. Er kletterte von Baum zu Baum und suchte nach Hinweisen. Unterwegs traf er seine Freundin Lila, das schlaue Eichhörnchen. „Wohin gehst du so früh am Morgen, Felix?" fragte Lila neugierig.

„Ich werde das geheime Versteck der goldenen Eicheln finden! Willst du mitkommen?" fragte Felix begeistert.

Lila überlegte einen Moment. Sie wusste, dass Felix oft in Schwierigkeiten geriet, aber seine Abenteuerlust war ansteckend. „Na gut, ich komme mit. Aber wir müssen vorsichtig sein!"

Gemeinsam machten sie sich auf den Weg und folgten den Hinweisen, die sie im Wald fanden. Sie kletterten über hohe Felsen, sprangen über kleine Bäche und schlichen sich an schlafenden Füchsen vorbei. Jeder Schritt war ein Abenteuer, und Felix war in seinem Element.

Nach einer Weile kamen sie zu einer alten, knorrigen Eiche, die größer war als alle anderen Bäume im Wald. „Das muss es sein!" rief Felix. Sie suchten und suchten, bis sie eine verborgene Öffnung am Fuß des Baumes fanden. Vorsichtig krochen sie hinein und fanden sich in einem dunklen Tunnel wieder.

„Hoffentlich führt uns das zu den goldenen Eicheln", flüsterte Lila aufgeregt.

Der Tunnel war lang und schmal, aber Felix und Lila waren mutig. Sie folgten dem Tunnel, bis sie schließlich in eine große, glänzende Höhle kamen. Und da waren sie – die goldenen Eicheln! Sie glänzten und funkelten im Licht, das durch eine kleine Öffnung in der Höhlendecke fiel.

„Wir haben es geschafft!" rief Felix jubelnd. „Schau dir das an, Lila!"

Lila war ebenfalls begeistert, aber sie erinnerte Felix daran, vorsichtig zu sein. „Wir müssen nur ein paar mitnehmen und den Rest hier lassen. Das ist ein Schatz, der für immer erhalten bleiben sollte."

Felix nickte zustimmend. Sie sammelten vorsichtig ein paar goldene Eicheln und verstauten sie sicher in Felix' Rucksack. Gerade als sie die Höhle verlassen wollten, hörten sie ein tiefes Grollen. Der Eingang des Tunnels war blockiert, und ein riesiger Bär stand davor.

„Was habt ihr hier zu suchen?" brummte der Bär bedrohlich.

Felix und Lila zitterten vor Angst, aber Felix sammelte seinen Mut und sagte: „Wir wollten nur die goldenen Eicheln sehen und haben ein paar gesammelt. Wir wollten keinen Ärger machen."

Der Bär schaute sie prüfend an, dann lächelte er plötzlich. „Ihr seid mutig, kleine Eichhörnchen. Die goldenen Eicheln sind ein Schatz des Waldes, und ich bin ihr Hüter. Weil ihr ehrlich wart und nur ein paar Eicheln genommen habt, lasse ich euch gehen."

Felix und Lila atmeten erleichtert auf. „Danke, Herr Bär", sagte Felix höflich. „Wir werden dafür sorgen, dass niemand diesen Ort missbraucht."

Der Bär nickte und trat zur Seite. „Geht in Frieden, und erinnert euch immer daran, die Schätze der Natur zu respektieren."

Felix und Lila verließen die Höhle und machten sich auf den Heimweg. Auf dem Weg zurück zum Baumhaus erzählte Felix Lila von all den Abenteuern, die er noch erleben wollte. Lila lachte und sagte: „Felix, du wirst niemals aufhören, Abenteuer zu suchen, oder?"

„Niemals!" rief Felix. „Es gibt immer neue Dinge zu entdecken!"

Als sie das Baumhaus erreichten, wurden sie von ihrer Familie und ihren Freunden begrüßt. Felix erzählte stolz von ihrem Abenteuer und zeigte die goldenen Eicheln. Alle waren begeistert und stolz auf ihn und Lila.

Von diesem Tag an wusste Felix, dass es nicht nur wichtig war, Abenteuer zu erleben, sondern auch die Natur zu respektieren und die Schätze des Waldes zu bewahren. Er lernte, dass wahre Abenteuer nicht nur Mut, sondern auch Weisheit und Respekt erfordern.

Und so lebte Felix weiter im Wald von Eichenhain, immer auf der Suche nach neuen Abenteuern, immer neugierig und immer bereit, die Geheimnisse des Waldes zu entdecken. Aber jetzt wusste er, dass die größte Belohnung nicht die goldenen Eicheln waren, sondern die Freundschaften und die Lektionen, die er auf seinen Reisen gewann.

The Adventure of Felix the Squirrel

It was a beautiful autumn day in the Oak Grove Forest. The leaves had turned into splendid colors and lay like a soft carpet on the forest floor. In the midst of this sea of colors lived Felix, the curious squirrel. Felix was known for his daring adventures and his tireless curiosity. His family and friends loved him, but sometimes they worried about his constant escapades.

One morning, just as the sun was climbing over the horizon, Felix woke up with an especially exciting thought. "Today I will find the secret stash of the golden acorns!" he said to himself. It was an old legend in the Oak Grove Forest that somewhere deep in the woods there was a hidden cave full of golden acorns.

Felix grabbed his small backpack, filled it with nuts, and set off. He climbed from tree to tree, searching for clues. Along the way, he met his friend Lila, the clever squirrel. "Where are you going so early in the morning, Felix?" Lila asked curiously.

"I'm going to find the secret stash of the golden acorns! Do you want to come with me?" Felix asked enthusiastically.

Lila thought for a moment. She knew Felix often got into trouble, but his adventurous spirit was contagious. "All right, I'll come with you. But we have to be careful!"

Together, they set off, following the clues they found in the forest. They climbed over tall rocks, jumped over small streams, and sneaked past sleeping foxes. Every step was an adventure, and Felix was in his element.

After a while, they came to an old, gnarled oak tree that was larger than any other tree in the forest. "This must be it!" Felix shouted. They searched and searched until they found a hidden opening at the base of the tree. Carefully, they crawled inside and found themselves in a dark tunnel.

"I hope this leads us to the golden acorns," Lila whispered excitedly.

The tunnel was long and narrow, but Felix and Lila were brave. They followed the tunnel until they finally came to a large, glittering cave. And there they were – the golden acorns! They glistened and sparkled in the light that shone through a small opening in the cave ceiling.

"We did it!" Felix cheered. "Look at this, Lila!"

Lila was also thrilled but reminded Felix to be careful. "We should only take a few and leave the rest here. This is a treasure that should be preserved forever."

Felix nodded in agreement. They carefully collected a few golden acorns and safely stored them in Felix's backpack. Just as they were about to leave the cave, they heard a deep growl. The entrance to the tunnel was blocked, and a giant bear stood there.

"What are you doing here?" the bear growled menacingly.

Felix and Lila trembled with fear, but Felix gathered his courage and said, "We just wanted to see the golden acorns and collected a few. We didn't mean to cause any trouble."

The bear looked at them critically, then suddenly smiled. "You are brave little squirrels. The golden acorns are a treasure of the forest, and I am their guardian. Because you were honest and only took a few acorns, I will let you go."

Felix and Lila sighed with relief. "Thank you, Mr. Bear," Felix said politely. "We will make sure no one misuses this place."

The bear nodded and stepped aside. "Go in peace, and always remember to respect the treasures of nature."

Felix and Lila left the cave and made their way home. On the way back to the treehouse, Felix told Lila about all the adventures he still wanted to experience. Lila laughed and said, "Felix, you will never stop seeking adventures, will you?"

"Never!" Felix shouted. "There are always new things to discover!"

When they reached the treehouse, they were greeted by their family and friends. Felix proudly told them about their adventure and showed them the golden acorns. Everyone was excited and proud of him and Lila.

From that day on, Felix knew that it was not only important to experience adventures but also to respect nature and preserve the forest's treasures. He learned that true adventures require not only courage but also wisdom and respect.

And so Felix continued to live in the Oak Grove Forest, always searching for new adventures, always curious, and always ready to discover the forest's secrets. But now he knew that the greatest reward was not the golden acorns but the friendships and lessons he gained on his journeys.

Der Abenteuerliche Eisbär Paul

Es war einmal ein Eisbär namens Paul, der in den unendlichen Weiten der Arktis lebte. Paul war kein gewöhnlicher Eisbär. Während die anderen Eisbären damit zufrieden waren, auf Eisschollen zu faulenzen und Robben zu jagen, träumte Paul von Abenteuern in fernen Ländern und neuen Freundschaften. Eines Tages beschloss er, seinen Träumen zu folgen und ein großes Abenteuer zu beginnen.

An einem klaren, kalten Morgen, als die Sonne gerade über den Horizont kroch und die Eiskristalle in ein magisches Licht tauchte, stand Paul auf seiner Lieblings-Eisscholle und blickte in die Ferne. „Es muss mehr geben als nur Eis und Schnee", dachte er. Mit einem entschlossenen Kopfnicken packte Paul seine Sachen – ein paar Fischvorräte, eine warme Decke und natürlich seine Glückspfote, ein kleiner Stein, den er als Junges gefunden hatte.

Paul paddelte mit seinen mächtigen Pfoten von Eisscholle zu Eisscholle, immer weiter nach Süden. Auf seiner Reise traf er viele interessante Tiere, die er nie zuvor gesehen hatte. Da war Fin, der fröhliche Delfin, der ihm den Weg zeigte, und Lilly, die kluge Möwe, die ihm beibrachte, wie man in warmen Gewässern fischt. Paul lernte viel von seinen neuen Freunden und fühlte sich bestärkt in seinem Abenteuerdrang.

Eines Tages, als Paul sich an einer sonnigen Küste ausruhte, hörte er ein leises Wimmern. Er folgte dem Geräusch und fand ein kleines, verirrtes Robbenjunges. „Hallo, mein Name ist Sami", sagte das Robbenjunges schüchtern. „Ich habe mich verlaufen und finde den Weg zurück zu meiner Familie nicht." Pauls Herz wurde warm vor Mitgefühl. „Mach dir keine Sorgen, Sami", sagte er beruhigend. „Ich helfe dir, deine Familie zu finden."

Paul und Sami machten sich gemeinsam auf den Weg. Sie durchquerten eisige Gewässer und dichten Nebel, immer auf der Suche nach Samis Familie. Unterwegs erzählte Sami Paul viele Geschichten über die Unterwasserwelt und die Abenteuer seiner Robbenfamilie. Paul war fasziniert und merkte, dass auch die kleinsten Tiere große Geschichten zu erzählen hatten.

Eines Nachts wurden Paul und Sami von einem heftigen Sturm überrascht. Die Wellen peitschten und der Wind heulte, doch Paul hielt Sami fest an sich gedrückt. „Wir schaffen das", flüsterte Paul, obwohl er selbst etwas Angst hatte. Sie kämpften sich durch den Sturm und fanden schließlich Schutz in einer kleinen Höhle.

Am nächsten Morgen entdeckten sie Spuren im Schnee. „Das müssen Robbenspuren sein!", rief Sami aufgeregt. Paul folgte den Spuren, bis sie zu einer großen Eisscholle führten, auf der Samis Familie versammelt war. Die Wiedersehensfreude war riesig und Samis Eltern dankten Paul von Herzen.

Nachdem Sami sicher bei seiner Familie war, setzte Paul seine Reise fort. Er hatte gelernt, dass Abenteuer nicht nur aus neuen Orten, sondern auch aus neuen Freundschaften bestehen. Er versprach sich selbst, weiterhin die Welt zu erkunden und anderen zu helfen, wo er konnte.

Nach vielen Monaten und unzähligen Erlebnissen fühlte Paul, dass es Zeit war, nach Hause zurückzukehren. Die Arktis begrüßte ihn mit offenen Armen, und seine Familie war überglücklich, ihn wiederzusehen. Paul erzählte ihnen von seinen Abenteuern, und die anderen Eisbären hörten ihm mit leuchtenden Augen zu.

Paul war jetzt ein angesehener Bär in seiner Gemeinschaft. Er teilte seine Geschichten und ermutigte die jüngeren Bären, auch ihre Träume zu verfolgen. Er lehrte sie, dass die Welt groß und voller Wunder ist und dass wahre Stärke darin besteht, anderen zu helfen und freundlich zu sein.

Paul legte sich zufrieden auf seine Eisscholle und schaute in den sternenklaren Himmel. „Das war erst der Anfang", murmelte er und schloss die Augen. In seinen Träumen sah er neue Länder, neue Freunde und noch mehr Abenteuer. Denn ein abenteuerlicher Eisbär wie Paul wusste, dass das Leben immer wieder neue Geschichten schreibt.

Paul the Adventurous Polar Bear

O nce upon a time, there was a polar bear named Paul who lived in the vast expanses of the Arctic. Paul was no ordinary polar bear. While the other bears were content to lounge on ice floes and hunt seals, Paul dreamed of adventures in distant lands and new friendships. One day, he decided to follow his dreams and embark on a grand adventure.

On a clear, cold morning, as the sun just began to creep over the horizon, casting a magical light on the ice crystals, Paul stood on his favorite ice floe and gazed into the distance. "There must be more than just ice and snow," he thought. With a determined nod, Paul packed his belongings – some fish supplies, a warm blanket, and, of course, his lucky paw, a small stone he had found as a cub.

Paul paddled with his powerful paws from ice floe to ice floe, moving ever southward. On his journey, he met many interesting animals he had never seen before. There was Fin, the cheerful dolphin, who showed him the way, and Lilly, the clever seagull, who taught him how to fish in warm waters. Paul learned a lot from his new friends and felt emboldened in his quest for adventure.

One day, as Paul was resting on a sunny shore, he heard a faint whimpering. He followed the sound and found a small, lost seal pup. "Hello, my name is Sami," the seal pup said shyly. "I got lost and can't find my way back to my family." Paul's heart warmed with compassion. "Don't worry, Sami," he said soothingly. "I'll help you find your family."

Paul and Sami set off together. They crossed icy waters and dense fog, always on the lookout for Sami's family. Along the way, Sami told Paul many stories about the underwater world and the adventures of his seal family. Paul was fascinated and realized that even the smallest creatures had great stories to tell.

One night, Paul and Sami were caught in a fierce storm. The waves lashed, and the wind howled, but Paul held Sami tightly against him. "We can do this," Paul whispered, though he was a bit scared himself. They fought through the storm and eventually found shelter in a small cave.

The next morning, they discovered tracks in the snow. "These must be seal tracks!" Sami cried excitedly. Paul followed the tracks until they led to a large ice floe where Sami's family was gathered. The reunion was joyous, and Sami's parents thanked Paul from the bottom of their hearts.

With Sami safely back with his family, Paul continued his journey. He had learned that adventures were not just about new places but also about new friendships. He promised himself to keep exploring the world and helping others wherever he could.

After many months and countless experiences, Paul felt it was time to return home. The Arctic welcomed him with open arms, and his family was overjoyed to see him again. Paul told them of his adventures, and the other polar bears listened with sparkling eyes.

Paul was now a respected bear in his community. He shared his stories and encouraged the younger bears to follow their dreams too. He taught them that the world is big and full of wonders and that true strength lies in helping others and being kind.

Paul lay contentedly on his ice floe, looking up at the starry sky. "This was just the beginning," he murmured and closed his eyes. In his dreams, he saw new lands, new friends, and even more adventures. For an adventurous polar bear like Paul knew that life always writes new stories.

Die magischen Schuhe von Timmy

Timmy war ein ganz normaler Junge mit einem ganz normalen Leben in einer ganz normalen Stadt. Aber Timmy hatte einen Traum. Er träumte davon, ein großer Abenteurer zu werden, der die Welt bereiste und unglaubliche Entdeckungen machte. Doch es gab ein Problem: Timmy war sehr schüchtern und traute sich kaum, das Haus zu verlassen.

Eines Tages ging Timmy mit seiner Mutter zum Schuhgeschäft in der Stadtmitte. Er brauchte neue Schuhe, da seine alten aus allen Nähten platzten. „Mama, können wir heute mal ein anderes Geschäft ausprobieren?" fragte Timmy. Seine Mutter stimmte zu, und so fanden sie sich in einem kleinen, unscheinbaren Laden am Ende einer schmalen Gasse wieder.

Der Ladenbesitzer, ein älterer Mann mit einer Brille, die so dick war wie Flaschenböden, begrüßte sie herzlich. „Willkommen, willkommen! Ich bin Herr Goldschuh. Wie kann ich euch helfen?" Timmy erklärte, dass er neue Schuhe brauchte, und Herr Goldschuh führte sie zu einem Regal voller bunter und außergewöhnlicher Schuhe.

Eines der Paare stach sofort ins Auge. Es waren leuchtend blaue Schuhe mit goldenen Schnürsenkeln und einer kleinen, glänzenden Brosche an der Seite. „Diese hier sehen besonders aus", sagte Timmy und zeigte auf die Schuhe. Herr Goldschuh lächelte geheimnisvoll. „Ah, die magischen Schuhe", sagte er leise. „Diese Schuhe sind nicht nur schön anzusehen, sie haben auch besondere Kräfte."

Timmy's Augen wurden groß. „Besondere Kräfte?" fragte er aufgeregt. Herr Goldschuh nickte. „Ja, wer diese Schuhe trägt, kann an jeden Ort der Welt reisen, den er sich wünscht. Aber sei vorsichtig. Die Magie der Schuhe ist stark und sollte mit Bedacht genutzt werden."

Timmy war überwältigt von Neugierde und Abenteuerlust. Seine Mutter kaufte die Schuhe, und Timmy konnte es kaum erwarten, sie anzuziehen. Kaum hatte er die Schuhe zu Hause angezogen, spürte er ein leichtes Kribbeln in seinen Füßen. „Ich wünsche mir, den Amazonas-Regenwald zu sehen", sagte er leise. Plötzlich wurde ihm schwindelig, und als er wieder klar sah, stand er mitten im dichten Dschungel.

„Wow, das ist unglaublich!" rief Timmy. Die Geräusche des Dschungels, die exotischen Tiere und die riesigen Bäume überwältigten ihn. Er begann, den Wald zu erkunden, sprang über kleine Bäche und kletterte auf Bäume, um die Aussicht zu genießen. Er traf sogar auf eine Gruppe freundlicher Affen, die ihm Früchte reichten.

Nachdem er einige Zeit im Amazonas verbracht hatte, beschloss Timmy, weiterzureisen. „Ich wünsche mir, die Pyramiden von Ägypten zu sehen", sagte er. Wieder spürte er das Kribbeln, und im nächsten Moment stand er vor den gigantischen Pyramiden. Die Hitze der Wüste und die majestätischen Bauwerke faszinierten ihn. Er kletterte auf eine der Pyramiden und konnte die endlose Weite der Wüste sehen.

Timmy reiste weiter, besuchte den Eiffelturm in Paris, die Chinesische Mauer und die Nordlichter in Norwegen. Jedes Mal, wenn er die Schuhe anzog und sich etwas wünschte, fand er sich an einem neuen, aufregenden Ort wieder. Er sammelte Geschichten und Erinnerungen, die er nie vergessen würde.

Doch eines Tages, als Timmy nach einem besonders anstrengenden Abenteuer nach Hause zurückkehrte, bemerkte er, dass die goldenen Schnürsenkel der Schuhe begannen zu verblassen. „Oh nein, was passiert mit meinen magischen Schuhen?" fragte er sich besorgt. Er eilte zurück zu Herrn Goldschuhs Laden, um Rat zu suchen.

„Herr Goldschuh, etwas stimmt nicht mit meinen Schuhen", sagte Timmy und zeigte die verblassenden Schnürsenkel. Herr Goldschuh nickte ernst. „Die Magie der Schuhe schwindet, je mehr du sie benutzt. Du musst lernen, die Welt auch ohne die Schuhe zu entdecken. Die wahre Magie liegt nicht in den Schuhen, sondern in dir selbst."

Timmy war traurig, aber auch entschlossen. Er bedankte sich bei Herrn Goldschuh und beschloss, seine Abenteuer ohne die magischen Schuhe fortzusetzen. Am nächsten Tag zog er seine normalen Turnschuhe an und machte sich auf den Weg zum nahegelegenen Park. Dort traf er auf andere Kinder, die Fangen spielten, und schloss sich ihnen an. Bald entdeckte er, dass auch kleine Abenteuer in der Nähe große Freude bereiten konnten.

Mit der Zeit gewann Timmy an Selbstvertrauen. Er begann, Ausflüge mit seiner Familie zu planen und die Welt mit eigenen Augen zu erkunden. Er besuchte Museen, Wanderwege und lernte viele neue Freunde kennen. Die magischen Schuhe bewahrte er als Erinnerung an seine ersten großen Abenteuer, aber er wusste nun, dass er die Welt auch ohne ihre Hilfe erobern konnte.

Und so wuchs Timmy zu einem mutigen und abenteuerlustigen jungen Mann heran, der die Schönheit der Welt in vollen Zügen genoss. Er erzählte immer wieder die Geschichte seiner magischen Schuhe, aber die wichtigste Lektion, die er gelernt hatte, war, dass wahre Magie in der eigenen Entschlossenheit und Neugierde liegt.

Von diesem Tag an trug Timmy die Welt in seinen Herzen, denn er wusste, dass jedes Abenteuer, groß oder klein, nur einen Schritt entfernt war – solange man bereit war, diesen Schritt zu machen.

Timmy's Magical Shoes

Timmy was an ordinary boy with an ordinary life in an ordinary town. But Timmy had a dream. He dreamed of becoming a great adventurer, traveling the world, and making incredible discoveries. However, there was a problem: Timmy was very shy and hardly dared to leave the house.

One day, Timmy went with his mother to the shoe store in the town center. He needed new shoes because his old ones were bursting at the seams. "Mom, can we try a different store today?" Timmy asked. His mother agreed, and so they found themselves in a small, unassuming shop at the end of a narrow alley.

The shopkeeper, an older man with glasses as thick as bottle bottoms, greeted them warmly. "Welcome, welcome! I am Mr. Goldshoe. How can I help you?" Timmy explained that he needed new shoes, and Mr. Goldshoe led them to a shelf full of colorful and extraordinary shoes.

One pair immediately caught his eye. They were bright blue shoes with golden laces and a small, shiny brooch on the side. "These look special," Timmy said, pointing to the shoes. Mr. Goldshoe smiled mysteriously. "Ah, the magical shoes," he said quietly. "These shoes are not only beautiful to look at, but they also have special powers."

Timmy's eyes widened. "Special powers?" he asked excitedly. Mr. Goldshoe nodded. "Yes, whoever wears these shoes can travel to any place in the world they wish. But be careful. The magic of the shoes is strong and should be used wisely."

Timmy was overwhelmed with curiosity and a sense of adventure. His mother bought the shoes, and Timmy could hardly wait to put them on. As soon as he put them on at home, he felt a slight tingling in his feet. "I wish to see the Amazon Rainforest," he said quietly. Suddenly, he felt dizzy, and when his vision cleared, he was standing in the middle of a dense jungle.

"Wow, this is incredible!" Timmy exclaimed. The sounds of the jungle, the exotic animals, and the towering trees overwhelmed him. He began exploring the forest, jumping over small streams and climbing trees to enjoy the view. He even met a group of friendly monkeys who offered him fruit.

After spending some time in the Amazon, Timmy decided to travel further. "I wish to see the Pyramids of Egypt," he said. Again, he felt the tingling, and the next moment, he was standing before the gigantic pyramids. The heat of the desert and the majestic structures fascinated him. He climbed one of the pyramids and could see the endless expanse of the desert.

Timmy continued traveling, visiting the Eiffel Tower in Paris, the Great Wall of China, and the Northern Lights in Norway. Every time he put on the shoes and made a wish, he found himself in a new, exciting place. He collected stories and memories he would never forget.

But one day, after returning home from an especially tiring adventure, Timmy noticed that the golden laces of the shoes were starting to fade. "Oh no, what's happening to my magical shoes?" he asked worriedly. He hurried back to Mr. Goldshoe's shop to seek advice.

"Mr. Goldshoe, something is wrong with my shoes," Timmy said, showing the fading laces. Mr. Goldshoe nodded seriously. "The magic of the shoes wanes the more you use them. You must learn to discover the world without the shoes. The true magic lies not in the shoes but within yourself."

Timmy was sad but also determined. He thanked Mr. Goldshoe and decided to continue his adventures without the magical shoes. The next day, he put on his regular sneakers and set off for the nearby park. There he met other children playing tag and joined them. Soon he discovered that even small adventures close to home could bring great joy.

Over time, Timmy gained confidence. He began planning trips with his family and exploring the world with his own eyes. He visited museums, hiking trails, and made many new friends. He kept the magical shoes as a reminder of his first big adventures, but now he knew he could conquer the world without their help.

And so Timmy grew into a brave and adventurous young man who enjoyed the beauty of the world to the fullest. He often told the story of his magical shoes, but the most important lesson he had learned was that true magic lies in one's determination and curiosity.

From that day on, Timmy carried the world in his heart, for he knew that every adventure, big or small, was just a step away – as long as you were willing to take that step.

www.ingramcontent.com/pod-product-compliance
Lightning Source LLC
Chambersburg PA
CBHW061403140726
47997CB00003B/1331